VATE!

Editora Appris Ltda.
1.ª Edição - Copyright© 2024 dos autores
Direitos de Edição Reservados à Editora Appris Ltda.

Nenhuma parte desta obra poderá ser utilizada indevidamente, sem estar de acordo com a Lei nº 9.610/98. Se incorreções forem encontradas, serão de exclusiva responsabilidade de seus organizadores. Foi realizado o Depósito Legal na Fundação Biblioteca Nacional, de acordo com as Leis nos 10.994, de 14/12/2004, e 12.192, de 14/01/2010.

Catalogação na Fonte
Elaborado por: Josefina A. S. Guedes
Bibliotecária CRB 9/870

D259v 2024	D´avila, Daniel Vate! / Daniel D´avila. – 1. ed. – Curitiba: Appris, 2024. 105 p. ; 21 cm. Inclui referências. ISBN: 978-65-250-6185-6 1. Poeta. 2. Poesia. 3. Martírio. 4. Louco. I. D´avila, Daniel. II. Título. CDD – B869.91

Livro de acordo com a normalização técnica da ABNT

Appris
editora

Editora e Livraria Appris Ltda.
Av. Manoel Ribas, 2265 – Mercês
Curitiba/PR – CEP: 80810-002
Tel. (41) 3156 - 4731
www.editoraappris.com.br

Printed in Brazil
Impresso no Brasil

Daniel D'avila

VATE!

FICHA TÉCNICA

EDITORIAL	Augusto V. de A. Coelho
	Marli Caetano
	Sara C. de Andrade Coelho
COMITÊ EDITORIAL	Andréa Barbosa Gouveia (UFPR)
	Jacques de Lima Ferreira (UP)
	Marilda Aparecida Behrens (PUCPR)
	Ana El Achkar (UNIVERSO/RJ)
	Conrado Moreira Mendes (PUC-MG)
	Eliete Correia dos Santos (UEPB)
	Fabiano Santos (UERJ/IESP)
	Francinete Fernandes de Sousa (UEPB)
	Francisco Carlos Duarte (PUCPR)
	Francisco de Assis (Fiam-Faam, SP, Brasil)
	Juliana Reichert Assunção Tonelli (UEL)
	Maria Aparecida Barbosa (USP)
	Maria Helena Zamora (PUC-Rio)
	Maria Margarida de Andrade (Umack)
	Roque Ismael da Costa Güllich (UFFS)
	Toni Reis (UFPR)
	Valdomiro de Oliveira (UFPR)
	Valério Brusamolin (IFPR)
SUPERVISOR DA PRODUÇÃO	Renata Cristina Lopes Miccelli
ASSESSORIA EDITORIAL	Adriana Papa
REVISÃO	Daniel Bastos D'avila
PRODUÇÃO EDITORIAL	Danielle Paulino
DIAGRAMAÇÃO E CAPA	Danielle Paulino
COMUNICAÇÃO	Carlos Eduardo Pereira
	Karla Pipolo Olegário
	Kananda Maria Costa Ferreira
	Cristiane Santos Gomes
LANÇAMENTOS E EVENTOS	Sara B. Santos Ribeiro Alves
LIVRARIAS	Estevão Misael
	Mateus Mariano Bandeira
GERÊNCIA DE FINANÇAS	Selma Maria Fernandes do Valle

Dedico este livro ao meu irmão DR Eduardo D´Avila, que de maneira deveras generosa e sensível, arcou com os custos desta obra literária que vem a lume. Que mais pessoas sigam este exemplo tão relevante e salutar para a sociedade e a cultura.

MECENAS!

Obrigado meu irmão,
pelo mecenato
proporcionado;
por suas Mãos!
Eis aí a frente,
a doce e triste canção:
deste apaixonado coração!
Que só sabe e faz;
VIVER de Ilusão!

Toma um fósforo. Acende teu cigarro!
O beijo, amigo, é a véspera do escarro,
A mão que afaga é a mesma que apedreja.

Se a alguém causa ainda pena a tua chaga,
Apedreja essa mão vil que te afaga,
Escarra nessa boca que te beija!
(Augusto dos Anjos, Pau d´Arco, 1901)

Obrigado a minha namorada Lenisa Sampaio pelo auxílio inenarrável com a organização dos arquivos e artes digitais desta obra. Além de minha musa inspiradora. E novamente agradeço ao meu amigo e grande poeta brasileiro Jaime Vieira pelo prefácio e demais recomendações. A fotógrafa Carolina Luna. Aos meus pais Cristina e Cirano que me deram os meios necessários para estudar e adquirir livros. Aos meus filhos Cirano Neto e Alice Maria que tanto amo. E por fim a Deus, que me deu força e sabedoria para perseverar neste voo onírico das letras.

JESUS!

Eu acredito piamente,
em um deus que de tão humilde e
desapegado;
se fez pobre até a CRUZ!
Além do mais por pura
Graça, e
AMOR;
também se fez homem!
(Este ente essencialmente PECADOR!)
e pelas praças e traças,
se deixava acarinhar;
se permitia beijar!
Chegou mesmo a chorar!!
Sempre ao rumo do martírio,
no caminho angustiante do
Precipício...
Sim, deus sem orgulho e sem
Soberba;
Sempre presto a servir a mesa!
Isto é, um Deus que só sabia AMAR e
PERDOAR!!
o próprio verbo encarnado,
esvoaçante pelo AR...
estrada escura a nenúfar...
Enfim, a própria boa nova
Beligerante;
Suando sangue exangue,
no SINAI eterno e escaldante.
Como as ondas e o vento
lamentoso:
que inexoravelmente advém do
fundo monstruoso do MAR!

PREFÁCIO

Daniel D´Avila iniciou no mundo das letras no ano de 2023, com o seu livro de estreia: ´´ Canteiro de Obras´´; que tive o privilégio de fazer o prefácio. Pois o mesmo demonstrou um lirismo contundente, corajoso e iconoclasta. Através de versos modernos e imagéticos, que aliam um denso conhecimento literário a experiências de vida deveras sui generis. Possibilitando ao leitor conhecer o seu singular olhar frente a contemporaneidade circundante.

Todavia, no ano corrente, o autor nos brinda com o seu segundo livro: ´´ Vate´´! Ou seja, as letras serão comemoradas nos salões e sarais do século 21, dado que semelhante título remete a nomenclatura utilizada no século das luzes poéticas, período em que Castro Alves decantava pelas praças e areópagos toda sua verve lírica e provocativa, desafiando o status quo daquele momento histórico. Logo, posso dizer como o grande condor da abolição: ´´Quando eu morrer... não lancem meu cadáver/ No fosso de um sombrio cemitério.../ Oh! Perguntai aos frios esqueletos/ Por que não têm coração ao peito.../ E um deles vos dirá: ´´ Deixei-o há pouco/ De minha amante no lascivo leito´´

Portanto, como costumo dizer quando converso com o Vate! em questão, que este não peça licença, mas sim arrebente com os dois pés as portas opressivas e vulgares desta sociedade tacanha e sensaborona. De fato, poemas como: ´´ Efemérides, Paixão rasgada 2, Demiurgo! (pra Cazuza e Jorge Mautner), A empregada, Dasein, Cântico dos Cânticos, Nuit, Husserl, Silvícola, etc´´; demonstram a qualidade inequívoca da sua poesia. A brilhar inexoravelmente no céu cintilante e dantesco destes poemas.

Logo, não poderia deixar de lembrar os versos que fiz no meu livro ASAS de 1989, intitulado ´´ Ofício´´: Suspenso o sonho/ a inspiração vira-me a face. / A palavra vence a luta/ e o poema não nasce´´. Respondido assim pelo poeta Daniel D´Avila: ´´ Não,

não!, Jaime...!/ a palavra perdeu a/ luta... E o poema simplesmente/ Nasce!/ Face a Face!!/ insidiosa sacanagem...! Porquanto, este novo livro, feito somente de poemas sensíveis e profundos, alguns mais longos, porém não menos certeiros, expressam pensamentos e sentimentos a flor da pele, espaço semântico e musical de quem domina a linguística da última flor do laço.

Desta feita, sinto-me honrado de novamente poder contribuir com o segundo rebento do autor, pessoa que acabei por me tornar amigo, parceiro e admirador. Posto que a sua poética encanta, faz pensar e emociona. Pois a qualidade de comunicar com tanta sabedoria, maestria e coragem o que pensa e sente, como já dito no prefácio do seu livro de estreia, são pouquíssimos que possuem. Portanto, lhe desejo sucesso e me sinto satisfeito pela prazerosa e deleitosa oportunidade de saborear os versos que seguem. Até porque teorias não cabem na autêntica originalidade dos seus cantares. Parabéns e Evoé...

Jaime Vieira

Poeta, Professor, Jornalista, membro fundador da ALM e presidente da UNIJORE.

SUMÁRIO

PRECEPTOR! 21

LANÇAMENTO MIADO 22

DEMIURGO! (Pra Cazuza e Jorge Mautner) 23

EU E OUTRAS POESIAS! 24

CHARNECA EM FLOR! (Pra Florbela Espanca) 25

A EMPREGADA 26

DASEIN! 28

MISERERE OU FALÁCIA SOCRÁTICA! 29

CÂNTICOS DOS CÂNTICOS! 30

SARTRE VERSUS HEIDEGGER OU ONTOLOGIA
FUNDAMENTAL 31

NUIT! 32

SOCIEDADE DO CANSAÇO! (Pra Chul Han) 33

ALEXANDRIA! 34

HUSSERL! 35

I AM! 36

ESTRO! 37

SILVÍCOLA! 38

DOM QUIXOTE! 39

ABADIA BENEDITINA
OU HORA ET LABORA! 40

A ESPIADA FLORBELA! 41

A LOUCURA DE EVA! 42

MURMÚRIO LAMURIENTO! 43

HEURÍSTICA HERMÉTICA! 44

VERSOS! 45

VELHO PAI! 46

PARAÍSO RECONQUISTADO! 47

STATUS QUO! 48

PSICANÁLISE! 49

JE ME MANQUE! 50

VATE 3! 53

RETRATO EM BRANCO E PRETO! 54

EQUILÍBRIO EMOCIONAL QUE NADA...! 55

SÃO PAULO APÓSTOLO.. 56

TRANSA! 58

FENOMENÓLOGO AMBULANTE! 60

PROMETEU! 61

CRACOLÂNDIA PET! 62

UNIVERSOS! 64

RESISTENCIALISMO EPIDÉRMICO! 65

BEATA! 66

SOLITUDE 2! 67

MERDA NO VENTILADOR! 68

NÍNIVE! ... 69

SEMÂNTICA ANIMAL! ... 70

RENASCIMENTO! ... 71

O ESQUIZOFRÊNICO! ... 73

ADAPTAÇÃO?! ... 74

OU NÃO!? ... 74

(EIS TODA A QUESTÃO!) ... 74

DIÁSPORA 2! ... 75

EFEMÉRIDES! ... 76

PROFISSÃO POETA! ... 79

SUSTO! ... 80

PROVÉRBIO! ... 81

NIETZSCHE! ... 82

CRÍTICOS MUXOXOS... ... 83

SÃO JERÔNIMO! ... 84

JE T´AIME! ... 86

FERNANDO PESSOA! ... 87

SOU UM CATÓLICO MUITO LOKO! ... 88

SUICÍDIO 2 ! (PRO SETEMBRO AMARELO!) ... 89

SINA! ... 90

LAUDES! ... 91

JÚLIO CORTÁZAR! ... 92

SARÇA AL DENTE!.. ... 93

BANHO DE LINGUAGEM! 95

EFEMÉRIDES 2! 96

PAIXÃO RASGADA 2! 97

SEXO MONÁSTICO! 98

OBITUÁRIO! 99

EPÍLOGO 101

NOTA DO AUTOR 102

EPITÁFIO! 103

PRECEPTOR!

Pra que entrar pra academias...
Invenção platônica da história...
Novas letras MORTAS do Desassossego ...
Fernando Pessoa e o seu dolorido desejo...
Não, quero escrever o livro da angústia
e do medo...
nada além dos meus tristes arpejos;
saídos da lama rubra dos MEUS desejos...
Que é SER o pé transitório de Heráclito:
No rio SECO da minha memória...
Enfim, nas loucas e diversas VENTURAS,
Que TRANSLADARAM na minha longa estória:
CONTRADITÓRIA!!
Ah, pra que entrar em câmaras frias...
INVENÇÃO PLATÔNICA DA HISTÓRIA...!

LANÇAMENTO MIADO

Nada tenho a MAIS nessa vida
além do meu olhar de POETA
do desterro e do atropelo...!
da angústia infeliz e do TOTAL
Desapego...
a tudo e TODOS que não forem!
DESEJO!!
por seus molhados Beijos e arpejos...!
E assim vou sonhando SONHOS
ABSURDOS;
e subitamente:
DESFEITOS!!!

DEMIURGO!
(Pra Cazuza e Jorge Mautner)

olha o tamanho da
Montanha Mágica.
é Thomas Mann,
fazendo páginas e mais páginas...
e Eu aqui, demiurgo construindo versos
rubros de tão nulos!
Cada qual mais sujo que o outro!
Cada qual mais angustiado que o outro!
Isto é; versos de um anjo torto,
(Todos eles versejando sobre amores loucos de tão mortos).
Sim, versos de esperança dúbia...!!!

Enfim; todos eles mini demiurgos,
deliberadamente advindos do verdugo IMPURO,
Jamais VIVENDO em cima dos MUROS!

EU E OUTRAS POESIAS!

Abaixo de Mim...
somente a pueril madrugada!
Eu, sempre tão iconoclasta,
sozinho e sem namorada...
ou então um pistoleiro pirata,
na quadra maluca da ESTRADA e da
PASSARADA!
Eu, o esteta do MEDO,
e do total desapego;
a tudo que não for
Eu e outros desejos...
Eu, o artista do impossível!
do submundo Invisível.
Eu, o profeta do desterro...
e do desassossego.
Eu, o profano cerebelo Celerado,
a busca infinda de historinhas
do PASSADO!
de pelo em Ovo seu otário...!
Sim, eu o imbecil do Povo...!
Eu, o VATE profundo;
um efêmero POLVO Imundo e vagabundo:
habitante de um diverso
MUNDO!!

CHARNECA EM FLOR!
(Pra Florbela Espanca)

Eu, o poeta rouco,
o celerado que sempre FAZ e FEZ
Papel de trouxa...
Eu, o poeta da DOR mais profunda e louca.
Isto é;
Muito mais funda que a FUNDA
de DAVI; na fronte do monte
GOLIAS!
Sou o poeta do absurdo,
Destes malandros que pulam o
muro do desvelo,
que sofrendo rasgou o Céu
do TEMPLO...
E assim pode livremente encontrar
o novo TEMPO...
e o novo espaço;
dos esquizofrênicos...
Sim, sou o poeta da angústia bucólica
de Álvaro de CAMPOS espancando lirismo, sofrimento e
Altruísmo.
Ou seja, eis aí a Angelical e HORROROSA,
FLORBELA ESPANCA!!

A EMPREGADA

O olhar da doméstica
me tocou profundamente.
Tão sofrido e dolorido
(distante de tantas dores,
de tantos vagos amores
reprimidos!)

Ah, sentada na lavanderia, no final da tarde,
Olhando distraída o sol faiscante morrendo através do varal,
Já velha, espectral, reumática e com uma dor crônica nas costas
(SEMPRE CONSTIPADA!)
Eis a miseranda EMPREGADA!

Que via mais um dia se findar,
Após a tarde de labuta diária!
Ah, hoje fez pão caseiro e empadão de massa folhada,
Pra elegante Patroa resignada...
E assim, vai pra casa caminhando cabisbaixa
pois mais trabalho lhe espera.
MAIS sofrimento lhe Aguarda:
Um marido alcóolatra, um filho acidentado, retardado e
Inválido;
e mais três netos drogados.
Lá vai ela, (LUZ NA PASSARELA)
o ARRIMO da família mais que MODERNA!
E por fim, tomar o café preto gostoso da Noite
com bolacha seca de maisena.

Como ELA AMA!!
E finalmente entorpecida
Assistir a cotidiana novela embevecida.
E de repente sem SONHOS! dormir exausta!
Pronta pra acordar cansada;
Pra uma nova jornada terrivelmente diária!!!

DASEIN!

Salto emergencial Além de SI...
No latim!!
Eis o autêntico DASEIN...
Isto é, o meu ser no MUNDO e para a MORTE;
Além de SEMPRE DEVIR SER SENSCIONAL...
É também inerentemente ABISSAL...
Condenado que está a viver,
nesta espacialidade etérea, ateia e sideral.
Ah, Angústia sublime do REAL...!!!

MISERERE OU FALÁCIA SOCRÁTICA!

Tô ficando sem ideia;
o que Virá mesmo agora,
é escrever sobre a endêmica dinâmica da
MISÉRIA!!
(Toda ela feita de espessa e vulgar Matéria!)
A toda hora em busca da
Mais Valia!
E da organização desigualmente
Deletéria.
Nossa principal e única Ideia:
Do que seja VIVER MORRER em Sociedade...
ou melhor; morrer sem sentir
nenhuma autêntica identidade.
Quiça viver da augustiosa Saudade. De verdade!;
do tempo obscuro da idade média.
ou da pueril ciência positiva e Moderna.

Eis TODA a nossa história
Pretérita,
Futura MESMISSE Presente.
Fatura futura de
MERDA!
Ante um ICONOCLASTA completamente
ESTETA!!!

CÂNTICOS DOS CÂNTICOS!

Vale a pena sentir
DOR!?
Vale a pena sentir
AMOR?!
Posto que tudo é
CONDOR!?
Ah, vale a pena VIVER...!?
Oh meu Deus, como queria
MORRER!!?
E nunca mais ver
a cor rubra e doce do
entardecer...!
OU o sorriso encantado
daquele PIO PIA do outro
LADO!
assim como o beijo
MOLHADO!
daquela linda boquinha de Peixe!!!
que suga até mesmo minha
pobre alma...
no instante mesmo
do GOZO e do CARMA!
de ser mais uma vez:
minha Amada e eterna Namorada!!

SARTRE VERSUS HEIDEGGER
OU ONTOLOGIA FUNDAMENTAL

Angústia é a própria liberdade!
Ou seja; SER autenticamente livre é a pior
BOBAGEM.
Absoluta falácia divina da SACANAGEM!
Eis o SER Aí de Jean Paul Sartre.
Diametralmente diverso do safado Nazista
do Heidegger;
que com o seu SER Para a Morte,
inexoravelmente ESCOLHE,
se a encara de frente,
ou a deixa lhe enrabar:
COMPLETAMENTE!!

NUIT!

˝O GOZO da Mulher;
é o mistério sublime,
da matéria milenar˝.
E a arte, caríssimo inimigo amigo;
é o maior dos delírios
Supremo sêmen dos Indivíduos!! Caixa de PANDORA dos desválidos desvalidos...
Plantados e Tolhidos com DESEJOS
Impulsivos...
No Canteiro de Obras!
dos ovários:
FEMININOS!!

SOCIEDADE DO CANSAÇO!
(Pra Chul Han)

Em uma sociedade do desespero.
Opa...! é preciso a todo custo
Ganhar dinheiro!
Digo, em uma sociedade do desassossego...
Não, epa, pera aí CACETA!
É todo mundo tão CARETA!

Tenho de falar do cansaço medonho,,,
que é acordar obrigatoriamente,
todos os dias,
pra inequivocadamente engendrar a máquina,
e o compasso e os rins;
no ritmo marcado do TRABALHO!
E também do aparelho digital
(cartas marcadas do mercado)
que como a medusa ancestral,
faz parte integral,
do meu próprio corporal
DU CARALHO!

Só mais um que
SE não rodar na roda da fortuna
dos Otários;
vai ser prontamente descartado
DO BARALHO!!!

ALEXANDRIA!

Por dentro sou uma
explosão de sentimentos;
e loucos EXPRESSAMENTOS...!
Já por fora sou:
VAGABUNDO;
Um artista do atropelo
mais que profundo...
e assim vou caminhando neste
MUNDO!
e assim minha dualidade
Fremente!
vai preenchendo uma biblioteca
inteira de pueris PENSAMENTOS!!!

HUSSERL!

No estado Pré Reflexivo;
Sinto pasmado e sem muito pesar,
a cor rubra e doce do
fenômeno ESTELAR!
a semelhança do apaixonado e suicida OLHAR!
à minha limitada consciência
SE MOSTRAR!
Digo, se EXPRESSAR...
Na cotidianidade temporal e espacial;
do meu miserável e pueril CORPO ESPECTRAL!
Sempre atroz RELACIONAL!!

I AM!

Eu sou um mero e miserável
Asceta esteta...
Um livre pensador que se declara
Poeta!!

Enfim, Eu como o próprio Deus no sinai sinal
da sarça ardente,
me intitulo quase prudente.
Isto é, sou o sol ao meio dia,
e a lua a meia noite.
o lobisomem da madrugada,
e o passarinho loko das malucas e augustas
Alvoradas!

Além de ser o último ultra romântico rouco;
o derradeiro idiota de Dostoiévisqui,
um Platônico do Barroco...
e finalmente: um decidido e ambíguo
FILANTROPO!!

ESTRO!

o meu único estro é a poesia
dos mais tristes e loucos
Mistérios!
o meu primevo estro é a poesia dolorida e
angustiante. Acerca do improvável segredo do UNIVERSO!
Toda ela batizada pelos sonhos mais
Pueris e delirantes.
Isto é, perfumada de um estranho estanho
Âmbar langue de rosas;
espinhadas, supuradas e espiAdas...
Sim, o meu estro é perceber aromas, músicas
e texturas nas palavras mais
Obscuras!
Além de sentir semanticamente
a tessitura hermética, fluida e hermenêutica
das lindas linhas linguísticas minhas
MAIS ABSURDAS!.

SILVÍCOLA!

Eu sou um silvícola
do século 19...
a tecer comentários ABSURDOS e
OBTUSOS!
Em tavernas ignóbeis e
Sujas...!
que mais parecem OS
gemidos estranhos dos
enigmáticos VAGABUNDOS PROFUNDOS...
e obsoletas prostitutas do mundo...!
Enfim, esse é o meu canto
de LAIO...
o supremo marginal do
ACASO!
Solitário ESTETA DO PASSADO!!
a espremer DITOS profundos e
 NEFASTOS

DOM QUIXOTE!

e a cor nostálgica da janela
infeliz da minha pobre e doida
alma de poeta que é só praticante
do SER ESTETA!
Navio louco de memórias sujas...
Navio noturno de memórias minhas,
muito mais do que LINDAS!!
Todas elas soturnas de Arpejos
Periclitantes de INFANTE
Ao redor do mundo divino de
DANTE!
umbigo translúcido de Poeta
ERRANTE!
Doravante um Abençoado e anacrônico;
CERVANTE!!!

ABADIA BENEDITINA OU HORA ET LABORA!

Como PERSIUS;
o poeta romano do primeiro século:
˝eternamente habitarei-ME˝.

No mosteiro da ressureição;
Víamos cristo em todos os
rostos,
dos abnegados irmãos...
Assim como pelas doces plantações.
Todas elas feitas de desapegações,
Trabalhos, pregações e Orações!!
Além das Gregorionas
Canções e Ficções!!!

A ESPIADA FLORBELA!

Florbela é tão triste
mas tão triste...!
que as vezes até fica BELA!
Mas tão bela, tão bela...
que mais parece a CINDERELA!
Pois como a esfinge do antigo
Egito mais longínquo...
nasceu a flor mais singela do NILO!
Apesar de sua angústia gigante;
que só pode advir de uma
alma DELIRANTE!
Deveras expectante;
em um mundo tão opressor e
professoral...
˝Ah, chupa a cabeça quente do meu:
PAU!!!˝

Epígrafe:

Em um mundo realmente
Igual...!
Ser considerado ARTISTA;...
Simplesmente é:
SENSACIONAL!!!
(Fernando Seixas)

A LOUCURA DE EVA!

A doce harmonia de Eva,
é morrer no caminho das
Trevas...!
Ah, a doce alegria dos
Instantes em que te
TER... era condenar ao pecado toda a pobre
TERRA!!
Era, ENFIM, todo o meu demorado e
Nobre;
ANOITECER!!
Eis meu espúrio, nefasto e sincero
QUERER!
Isto é; pequenas, gloriosas e Tristes
memórias históricas...
ignotas dialéticas SEM
RESPOSTAS!!!
E de repente, não mais que inconsequente;
a humanidade inteira Virá BOSTA!
VIVA a BOSSA!!!

MURMÚRIO LAMURIENTO!

Nas doces docas murmurejantes,
Anseio viver até o fim dos tempos...
e irei perpetrar o meu pária LEVANTE!
Pois nos espaços mais recônditos do meu SER,
quero viver conforme a força voluptuosa do
BARRAVENTO!
Ah, é tanto choro rubro aqui por dentro...
Rasgou-se insidiosamente o ancestral Véu SEDENTO...
Sim, escondido como se fora um Hermitão
BANDIDO!
Completamente isolado pra bem melhor
Comtemplar a morte caminhando sorrateira ao
Meu Lado...
Eu, o asceta do calabouço medievo das palavras,
da masmorra Hedionda e lapidar da linguagem hodierna;
e das angústias e agruras da metafísica da
AMORFOSINTAXE!!
Toda ELA feita de dor,
e de tristes momentos da MAIS
singela e terna alegria.
Toda ELA feita de indiferença e
de Eterna SANGRIA!...

HEURÍSTICA HERMÉTICA!

UM DIA
Não cabe na
palma da Minha Mão!
Porra;
EU SOU mais LOkO
que o Lobão...

VERSOS!

os meus versos São os mais
tristes da história humana;
pois São como andorinhas que
voam sozinhas,
no céu azul do outono DESOLADO!...
ou formigas que caminham em
linha RETA;
rumo a um porto de húmus do PASSADO!
E assim, fazendo versos como quem
Chora;
vou acordando a cor RUBRA da
AURORA!...
E o sol ao fundo,
Já vai despontando! Fumegando!
e um novo dia VAI
Começando!!! Acabando!!!
E eu aqui, fazendo versos de Angústia.
De dor, loucura e lamúria...!?
Apesar de as vezes,
Querer e Quebrar;
toda essa bosta enfeitada e loquazmente
ESTRUTURADA!!!

VELHO PAI!

O PAI tinha um olhar vago e
cansado de
peixe morto...
Absorto em redemoinhos de torpor,
frente aos velhos trabalhos comezinhos,
no interior lacônico dos seus
moinhos de ventos PASSADOS,
misturados a cor rubra de BACO
e seus azedos vinhos descansados...
Envelhecido em toneis centrífugos dos
tacanhos SENTIDOS oblíquos!
que inoxidavelmente demonstram
todo o Seu ROSTO cansado, CASADO!; pálido, lasso e
ESBURACADO...!!

PARAÍSO RECONQUISTADO!

De repente nossos lânguidos olhares
descansam na forma doce de um
beijo rubro de tão recalcitrante.
E nossos corpos lassos e tensos
se entregam taciturnos ao belíssimo,
instinto beligerante e ANIMAL!
Alheios a todas as passageiras CONVENCIONALIDADES,
Construídas pelo SOCIAL!
Deus, Oh, não há NADA IGUAL:
o amor dos amantes delirantes,
sensacionais e arquejantes!
Em suspiros rotos do desejo
mais originário e LOKO.
Assim; tamanduás das línguas do SEM FIM!
Como se fora fluídos quentes e espumantes;
Sobre as peles UNIDAS e Faiscantes.
Ah, lhe penetro como um sábio
Dionísio ERRANTE!
Minotauro das espumas e brumas flutuantes...
Completamente tarado de amores
expectantes...
Angelicamente ignorantes!!
Nestas plenas devassidões MURMURANTES,
de roucos arpejos periclitantes e Saltitantes;
Através do doído GOZO dos AMANTES!
Ah, nessa hora, o gênese todo é confirmado...
Pois por sublimes instantes; a exemplo do DI CAVALCANTI:
O MUNDO TODO FICA PARADO!!!

STATUS QUO!

˝ Os tolos escancaram
alegres convicções˝...!
Já os sábios e loucos;
além das doloridas Canções,
só sabem Exalar imaginação!
e trêmula Razão!!
além das dúvidas e
angústias;
que permeiam todinho,
O pobre Coração!!!

PSICANÁLISE!

Eu tenho uma
estrutura.
E ela não é Perversa
e nem SUA!
Simplesmente ELA é minh´Alma;
Assim como,
a beleza nata Hari do Sol,
adjunto a obscura tristeza
da LUA!!

JE ME MANQUE!

Em meu novo mundo
torto...
vou afogar a SAUDADE,
no meu peito pigarrento e rouco...
que revela-ME estupefato;
que sou um mero e fantástico
PalHAÇO!
Tapete mágico:
de nobres e esfarrapados
RETALHOS...
A exemplo da nobre parábola,
do próprio CRISTO Barbarizado...
Todos eles girando e girando,
cagando e cagando,
na roda viva sempre se transformando,
neste mundo-tempo
tão ingrato e tenebroso,
distopicamente e despoticamente
CABULOSO!!
(Ah, eu novamente insisto pelo meu
ressequido OSSO!)
Simplesmente JOGADO em um profícuo
espaço de dores e mais
DORES; descompassos e trágicos Amores.
(Ah, somos todos Autores e Atores!)
Todos unidos a tristes e alegres
CONDORES e passageiros Calores.!

Oh,; que saudade dos Poentes,
assim como dos condenados
NASCENTES Inocentes...
Sem falar do horizonte encantado,
que é o MAR!
Dos delinquentes;
sempre tão CARETAS e
descontentes...
Que inexoravelmente vejo, AQUI!, nesta rota e suja
mesa de BAR!
que um dia vai por acabar de
ME MATAR!
Contudo, subitamente, me lembro ignotamente e tenasmente,
do aconchego doce do LAR!
sorrindo infante ao feliz DEVIR que é
todo LUAR...!
ou o PORVIR,
daquela primeira e única,
BOQUETE Carnavalesca,
condensada na Memória mnemônica
contida no rarefeito,
AR!
Tão difícil de SUPORTAR!!
ou até mesmo no dia;
fatídico e onírico,
do primeiro beijo Adolescente
a me DESARMAR,
UFA, mau e mal consegui,
RESPIRAR!

ou até quem sabe,
no gosto inesquecível,
do primeiro picolé azedo
de Limão lambido...
Amém pra vida toda:
meu querido Irmão!
Ah, eternamente plena,
foi a intensidade da Paixão!
do desejo original por Remissão...
Enfim, quero ansiar pelo FIM,
de ME afogar na
Saudade Divina,
da experiência dernier e extrema,
daquela santa MISSA primeva...
em que estupefato e encantado,
descobri que Viver é fazer
FITA!
E MORRER é o lucro SUPREMO,
da contradição desigual e sem VENENO,
idiossincrático Paradoxo dos;
EXTREMOS!!!
Sem mais nem Menos!
eis Aí! O inequívoco entardecer,
que é TODO o nosso inútil:
QUERER!!!

VATE 3!

As vezes SOU EU a pessoa
mais triste desta nossa TRISTE
História sem nenhuma Memória...;
As vezes procuro loucamente a cor Rubra e doce...
da minha anamnese Incógnita de estórias...!
Deus, que vontade de chorar e se embriagar
e VIRAR tudo e todos de Pernas para o
AR!
até as minhas furtivas lágrimas finalmente
cessarem...,
e subitamente encherem o oceano da minha
Nobre alma de POETA!
Angústia divina do ESTETA!

RETRATO EM BRANCO E PRETO!

tenho um colega,
que é lavador de carro...!
e se chama Bitão...
pois é mais fétido
que um selvagem Tição...
e bebe mais que um Tubarão...!
e além disso;
é drogadão...
pois vive nos bares,
e nas bocas Chapado!
Sempre fora dos lares
e das Igrejas...
carta fora do baralho!
Enfim, seu nome é Bitão doidão.
E com cerveja e pinga com Limão; hoje Tátão...
Chapadão...!
que nem vale a Pena;
LIRICAR mais um Melro
Refrão,
Pro meu bom amigo
BituCão!!

EQUILÍBRIO EMOCIONAL QUE NADA...!

Os pensamentos nunca
são honestos! Todos eles carregados de
mistérios...
Já os SENTIMENTOS PROTESTOS e CONFESSOS;
sentenciava ALBERT CAMUS!
são o magnânimo segredo do
UNIVERSO!
Pois assim alcançam a estratosférica Onírica
dos impulsos mais profundos e belos
do pobre coração dos beatos vagamundos e
surdos...
que em sua grande minoria são
loucos e sujos;
todos eles livres, Leves e
SOLTOS!
Além de bombásticos absortos;
ao velho e bom estilo CACHORRO LOKO!
Sim, os pensamentos são tortos, nervosos e roucos,
e representacionalmente desenvoltos!...
Já há DOR, aquela doída de espinhos e martírios...
Essa é a Verdadeira cor dos MITOS!!!

SÃO PAULO APÓSTOLO..

Quero EU viver sozinho;
Pois EU SOU o MEU próprio
espinho...
passarinho morto e
fora do ninho!
Esse é o meu único
e derradeiro caminho!
Pois o evangelho cravado em mim,
após ter caído subitamente do cavalo?
Como se fosse o meu impessoal
e singularíssimo DESCAMINHO,
fora do terrível e eterno LíMBO!
De viver completamente desvelado.
ansiando ansiosamente ver o sol
nascer quadrado...
e a morte inequívoca espreitar
docemente sorrateira do meu
desarrimado LADO!
Eu, tão pouco em vida AMADO!
Após a minha sábia cabeça
tombar rolando...
Na espada de dois gumes
de não haver realmente
cometido nenhum PECADO!!!
e me gloriado de todas as dores
dolorosas do PASSADO!
com a original exceção;

de o haver publicamente
RENEGADO!
Enfim, o meu nome simplesmente é:
PAULO DE TARSO!

TRANSA!

Amo tanto o seu riso Hediondo,
ah, fico até tonto...!
Ao se sentir plenamente Cristalizada
pelo gozo!
Ah, amo tanto o seu olhar insidioso e vesgo;
no instante em que se sente completamente VENERADA...
Sim, na hora mesmo em que está sendo,
brutalmente e candidamente DEFLORADA;
em uma doce união carnal de espíritos
sorridentes e DEMENTES;
isto é, de duas almas que se enlaçam entregues,
e nervosamente se abraçam e se despedaçam:
madrugada ADENTRO!
E assim se beijam e se despojam loucamente
dos seus mesquinhos prazeres;
na fluidez maluca dos suores e salivas,
misturadas aos afagos e sortilégios sussurrados,
tão delirantes e profundos;
que dá até vontade de cantar
aos quatro mundos:
″ Ah, meu amor, como é bom TE AMAR.
Como é trágico e cômico lhe PENETRAR...
E finalmente se ENCONTRAR!!!,
Na fluidez louca,
das espumas leves e translúcidas
Do MAR!
Permeados pela candura e volúpia,

do nosso lasso OLHAR.
Albatrozes arpejantes e desejantes,
voando e planando livres
pelo rarefeito AR!
Ah, não há nada como a beleza
e a valentia idílica e célere
dos nossos poros simbióticos e distraídos;
no momento MAIS sublime do horrendo
TORPOR:
De TREPAR e GOZAR,
contanto Trêmulo AMOR!!

FENOMENÓLOGO AMBULANTE!

Eu sou a própria fenomenologia
do espírito...
ou mesmo do Espirro!
Até Porque amigo Bandido...;
Se errar é humano,
porque não se equivocar mais uma vez... Pois ERA uma vez...
no TEMPO e ESPAÇO,
que Deus misantropo nos fez,
como se fossemos o anti sábio Chinês...
Ou o grandissíssimo profeta
de BAAL.
Ou quem sabe um clérigo filantropo
e MAGISTRAL...
ou até mesmo um autêntico NOIADO
sensacional e genial. De tão ORIGINAL!
ou até quem sabe;
um maluco transtornado MENTAL!!
Ora, tudo bem SER FENOMENAL...e coisa e TAL!

PROMETEU!

Nesta vida suja Só gosto de
duas coisas.
Escrever, Meter e Ler!!
e se não tiver;
o PAU comeu...
e o meu mais novo filhinho
ARREFECEU...
E o nervosismo absoluto
FLORESCEU.
Nesta minha infinda caixa de pandora
que é simplesmente:
TODO O MEU EU!!!

CRACOLÂNDIA PET!

O que poderíamos falar sobre
o cão...
Sim, não o chupando manga
Não!
Mas o cão nosso de cada dia nos Dai hoje;
Ainda mais nessa rápida sociedade:
tão demasiadamente arrivista.
Falsamente cosmopolita e altruísta.
que cada dia que passa,
mais egoísta e antissocialista Fica!

Enfim, falo do cachorro mesmo!
Não o loko ou o violento...
Mas sim o doce e meigo companheiro.
que abana o rabo sem reservas, como o drogado,
Pro mundo inteiro!
e deixa suavemente a barriga pra cima;
Pra ser acarinhado. Apadrinhado!
Sem medo, todo entregue, exangue,
sem paranoia de assalto.
E o olhar meigo do meliante,
todo ele esbugalhado;
sorrindo por dentro,
e lambendo angustiado.
(é o maior Barato!!!
É tanta gente solitário, carta fora do baralho, se fazendo de otário
Celibatário!)

Ah, nosso complexo de Vira Lata,
tão decantado:
Nos faz VIVER fumando
Pedra na LATA!!!

UNIVERSOS!

Versos doirados
refletem Universos
dos meus Passos Passados!!!
Sim, e assim me condenam
A viver conforme o voo
dos Pássaros...
E na catedral do meio dia;
Os sinos dobram por quem Grita?!
˝ Relembrando a todos
A PARUSIA Inebriante dos Meus
Reversos Diversos...!!

RESISTENCIALISMO EPIDÉRMICO!

As verdades absolutas,
da metafísica DUAL e
TRADICIONAL...
Hodiernamente Pegam muito mal!
Ah, só dando um peguinha mesmo
Com a Policia FEDERAL!!
Afinal, pagando bem;
Que MAL TEM!
Né! seu Policial...

E assim acabar de vez,
Com essa eterna sociedade DESIGUAL,
na luta inglória;
do BEM contra o MAL!
Ou seja, do desejo onírico e convulso; VERSOS
os nefastos determinismos materiais do CAPITAL!
e de todos os Positivismos e TécniSímios desempenhos!
(Dito isso, claro, de maneira Geral)
Porra, tão querendo GOZAR, de todo jeito,
Na cabeça ROXA do meu PAU!!!
AFI, tô CAGANDO pra vocês:
Cambada Besta De Baixo ASTRAL!

BEATA!

Dona Laura merece um
dulcíssimo POEMA!
Mas quem é ela?
Ora, é mera e simplesmente,
mais uma boa velhinha Católica
devota...!
Destas beatíssimas...
castíssimas...
Recatadíssimas,,,
E dizia, orgulhosa, desvelado
pelos seus dentes marrons e podres
de velho:
''Então, a família reclama, chia...,
Mas sempre digo e repito...
nada minto ou omito!
Melhor ficar na IGREJAHORA
do que na triste e
mitológica AURORA!
dos puteiros medonhos que
perfizeram nossa ALEGRE
HISTÓRIA!!

SOLITUDE 2!

A esperança é a derradeira
força que nos socorre...
Sim, e não é porque ela Não
MORRE! Mas sim, porque
é NOBRE!!
Pois no Cadafalso da loucura,
é enforcada e martirizada...!
por este rio caudaloso de
BOSTA!...
que tanto atropela os ditosos
filhos da nova
história...
Sim, todos incólumes;
"CIGARRO NA BOCA!!
a atravessar o medo medonho;
aliado ao sonho mais doloroso...!
que é o de escrever versos
Tristes e Proféticos...
na voz translúcida e doce,
dos nobres vates estetas do
Mistério!
Advindos do calabouço dos párias
da matéria!
Ou seja, eis a Cor Rubra da
Miséria!!!

MERDA NO VENTILADOR!

O poeta não espera
louros Sociais, muito menos estatais...
Ele simplesmente invade a
estratosfera humana!
Ah, que coisa BACANA!!
e arrebenta com tudo a besta
porta hipócrita de esperanças...;
SACANAS!
Que detém todo o poder
Da TRAMA!
Que é essa merda toda!;
jogada no ventilador da;
DESESPERANÇA!!!

NÍNIVE!

˝ Se levardes em conta nossas faltas!
Quem subsistirá!?˝
Ora, o próprio DEUS me deu a melhor parte!
que é viver a poetar e a PIRAR!
E essa, né Virgem Maria; nunca
nos será ARRANCADA!
Pois como Jonas VIVI na boca do peixe
por três longos meses...!
e depois preguei as variadas multidões
de NINIVITAS;
o temor ao DEUS Altíssimo e nobilíssimo...!
e assim vou vivendo;
de ninho em ninho,
de conversão em conversão,
de vinho e Pão:
completamente arrependido do meu
mais novo Serão!
Ah, é tanta falta de Perdão!
A contemplar a cada dia que passa
nossa solitária Perdição!!!

SEMÂNTICA ANIMAL!

O meu esquecimento é dolorido e
Vão...
O meu sentimento vem das pueris palavras
de um tecelão... como se fora um miserável Cão...! e
A minha emoção sobrepuja a MINHA
nefasta Razão!... Ah, é tanta emoção...!! não em vão...
E a minha paixão pelo BELO e
pelo LoKO...
é todinho o meu carente e
BOBO Coração;
que só consegue se SUSTER
pela Canção que é ilusão...
Um completo peripatético,
amante ignoto;
Da Paixão!! Deus, que Peixão...!
Um autêntico ErmiTão da Irrisão!
Enfim, Completamente Sem
Noção!!!

RENASCIMENTO!

Uma encomenda para um mundo
Novo...
Ou seja; tá osso...!
Ora, uma vida não questionada,
não vale de nada SER contornada...
isto é, não merece ser Vivida,
ou mesmo AMADA!
Logo, não vale a pena
SER MORRIDA!
muito menos Ainda
SER Só CORRIDA...
(Sociedade do Cansaço carcomida...!)
Eu, o PIRATA do NADA,
escrevo versos sobre as várias namoradas...
e demais noitadas...
todas regadas a VINHO e Galinhada...!
Portanto, sem Piedade vibrante e
periclitante!!
Peripatéticas vogais e consoantes
INCONSTANTES!!!
Sobre esse maldito Céu
errante de DANTE!
O barroco sublime e
delirante.
Frente a impávida Monalisa sorridente
de dá Vinci!

Na contemporaneidade holográfica dos
AMANTES.
Eis um novo mundo;
não tão DISTANTE!!?

O ESQUIZOFRÊNICO!

O seu nome é Diogo... ai que nojo... só come miojo!
os seus olhos são OCOS, TARADOS e
LOKOS!
E o seu corpo é torto, tem tiques
medonhos e estrondosos...
Até o físico é meio esquizofrênico!
Mas a mente, essa não,...
é mais lúcida que a chuva REPENTINA.
e mais cálida que o SOL
que ME ALUCINA!!
E sua espiritualidade...
se resume a obsessivos delírios Fixos de combate... fixos e
distorcidos no que Tange
ao padrão racional ESTIPULADO das fissurentas
PSICOSES!!!
Enfim; os seus olhos brilham sinceridade e
Candura... Voltaire humano
das estruturas...
Que quer saber sempre toda a
Verdade:
´´ Sou louco, sou esquizofrênico?
Mas o que é isso?
Se pra mim o não adaptado
é mera opção do caralho;
e este mundo Besta e Caótico
é completamente neurótico!!!
Enquanto EU, tranquilo,
VIVO no ócio...!

ADAPTAÇÃO?!
OU NÃO!?
(EIS TODA A QUESTÃO!)

Nadando contra a corrente doce
da normalidade.
Vou tecendo os meus esquizofrênicos devaneios
de memórias e saudades infantes...

E assim, jamais me adaptando
a essa MERDA de sociedade
contumazmente e legalmente
avessa a autenticidade.
vamos vivendo nas meras convencionalidades!

Contudo, é preciso dizer:
˝Um dia hei de ir,
hei de ganhar na ação
e assim nunca mais Voltar...
Apenas IR e IR!
Sem a falsa segurança contratual
Do lar!
Daí sim vou conseguir
Verdadeiramente Sorrir!
E subitamente deixar de viajar,
de viver única e exclusivamente Pra
 Comtemplar!
Sentadinho na mesa iníqua e suja
de algum Bar!
ou nas cálidas Areias desertas
 DO MEU MAR!!!

DIÁSPORA 2!

Sou EU o escritor das
Multidões...
das devassidões malucas das
tristes e
minhas;
canções!
Tá rasgando as emoções dos corações...!
Pois vou ser o escrevinhador das
multidões.
Rasgando o coração decaído das Ilusões...!
Da ICONOCASTA falta de Razão;
não em vão...!!
E assim vou edificando o meu
castelo de Refrão!...
Hora na areia e
Ora na pedra bruta da
solidão;
Silenciosa do meu pobre coração...
Acimentado e arregimentado de
silêncio e devassidão!!!

EFEMÉRIDES!

Por muito tempo
Fiquei-ME afastado das pueris
coisas do mundo...
Isto é, efemérides bestiais
do comezinho dia a dia secular!
Sim, não tinha CELULAR!
a mais alta efemeridade do século
21...
Daí então, assim, completamente despojado e
Chapado!
Pude viver pra não Trabalhar!!
Ou seja, apenas estudar e PIRAR!...
E assim, pude chorar em qualquer lugar,
e doidamente me arrepender...
de algo que coloquei conscientemente,
no meu absurdo QUERER!! Podes CRER!
ou até quem sabe;
dormir fora do lar...
Rir do NADA e ME embriagar...
assim como amar,Trepar e até
muito Rezar!
na cotidianidade besta
e comezinha deste nefasto LUGAR!
Eis a Efeméride
de um sujeito estranho, angustiado
e singular.
que gosta mesmo é de fazer

panegírico para o lasso Luar;
poemas jogados pelo AR!!
No coração Chagado,
 daquele grande AMOR
 INVETERADO!
Enfim, um pândego bonachão, sempre
a busca de um novíssimo
Lar!
Seja no próximo BAR,
ou no porto santo de Cascais;
ou na gôndola mercantil de Veneza...
do existencialista poeta Rimbaud...!
Sim, plácido e baço.
Magro e gordo Rimbaud...
riscando desesperado,
essas linhas efêmeras,
jogadas na ancestral e
tradicional metáfora da
Garrafa!
Laconicamente lançada na terra
prometida que eternamente jorrará leite e Mel...!
assim como na convulsa e ensolarada
praia africana dos piratas
alquimistas,
que morriam sem conhecer
o porto, ou quem sabe,
poder enterrar dignamente o MORTO!
na candura do A-MAR que sempre é
PORTO! fogo fátuo e louco...

Essa é a efeméride,
do dia a dia convencional;
absolutamente anti sideral,
opressoramente SALARIAL...
frente a Viver no ócio ancestral
e no LIRISMO doído
do selvagem homem de
Neandertal.
EU, VATE, BELIGERANTEMENTE:
ORIGINAL!!!

PROFISSÃO POETA!

Cansei de ler Livro!;
agora comigo é só na base:
do GRITO: do hediondo SORRISO MITO!
e também da minha incógnita
POESIA!
Toda ela martírio divino!
Toda ela espetáculo sofrido!
Toda ela armada do mais puro
e angelical CINISMO...
Como se fora o antigo Vesúvio
EXPLODINDO.
Mas não, minto...insisto...
Toda ela contradição regada a BACO
no OLIMPO!
Como se fosse um doce brigadeiro infantil,
INFINITO!!
Todo ele revestido pela beleza
Paradoxal!
do mais puro e louco:
LIRISMO!!!

SUSTO!

Essa aventura humana as vezes
CANSA...
Ah, esse espírito de alma
PEQUENA;
Não VALE A PENA!!!

PROVÉRBIO!

Todos os dias faça
o SEU Melhor;
eis a canção de JESUS!...
No alto OU embaixo,
da escandalosa e sagrada
CRUZ!!

NIETZSCHE!

Amor infinito ao meu próprio UMBIGO,
Pois como o divino Cristo;
sou um DESSARRIMO!
Papel de parede dos meus ignotos:
espinhos! na carne podre e
turbulenta do DESCAMINHO!!!
Ecce homo é o meu derradeiro
DESTINO!
Super Homem fantástico e
PEREGRINO!
na potência infinda;
do meu PINTO!!

CRÍTICOS MUXOXOS...

˝O escritor transita
entre o sagrado e o profano...˝
kkk; Eis o meu SER Parasita!
Vivendo pra fazer fita e
Pinta de ARTISTA.
Pois o meu modo de SER é
distraidamente DADAíSTA...!
e não apenas anti faísca FASCISTA...
ou até mesmo;
ilusionistas SOCIALISTAS!!!
Sim; o meu coração é,
Absolutamente Altruísta...
e a minha mente; caro colega demente:
DEVERASMENTE ANARQUISTA!

SÃO JERÔNIMO!

a minha indignação!
será sempre a minha única
e nostálgica poesia...
a minha indignação!
será sempre o benedito primeiro MOTOR
Aristotélico.
Sim, a minha Indignação
é com a besta QUADRADA
do São Jerônimo.
O ermitão das madrugadas!
O tradutor das PASSARADAS!
O maior ESTETA das NOITADAS!
O grande TUTOR do Ocidente!!
Enfim; um latino no desterro simbólico
do deserto...
O sol, a lua, o êxtase e o dilúvio...
Isto é, o DIABO que RUGE através
dos seus delírios e visões do Paraíso.
Advindos dos seus austeros jejuns
de sangue divino...
é, São Jerônimo.
Ali, asceta do SOZINHO desconhecido.
Sofrendo sem dar nenhum gritinho,...
Morrendo pelo Cristo SUPREMO!!!
E AQUI, no meu coração beligerante e
ARFANTE!!
Em pleno 2023;

É Só angústia, liberdade, falta de sentido
timidez e liquidez...
baixa taxa de natalidade e
estima por freguês!
Porra, o pior de todos mesmo
é o pequeno Burguês!
Ah, é muito Soror Saudade...
do tempo em que não poderia nem
ao menos...
Haver MALDADE!
Viva são Jerônimo e a
Dulcíssima e autêntica CRISTANDADE!

JE T´AIME!

sem os seus beijos
delicados de orgasmo;
meu coração simplesmente
PARA e DESESPERA!!
Assim como sem os seus
olhares de Soslaio...;
que fazem meu cansado coração
subitamente exasperar-se;
e esperar ansioso mais um beijo
quente e apaixonado...
mais um sexo caliente de
enamorados...;
enrodilhado ao objeto
AMADO!
Ou quem sabe um Jantar
Grandiloquente;
regado a cama quente e
aguardente...!
Ah, quer saber de uma COISA:
TE AMO PRA SEMPRE!!!

FERNANDO PESSOA!

Quero muito fazer este
Último e
primevo
POEMA...
Sim, sei que vai valer
a PENA...!
sofrer mais um bocadinho
a DOR Suprema...
De ter de impreterivelmente
escolher, digo; ESCREVER
mais um triste e lânguido
POEMA!
Ah, se vai valer a PENA!?
Ah, como vai;!
se a ALMA do Poeta,
Não for PEQUENA!!

SOU UM CATÓLICO MUITO LOKO!

Sou um católico muito loko,
destes mártires do Pipoko,
que nunca largam o OSSO;
destes de tipo ANJOS
que nasceram todos tortos...!
Sim, sou um católico muito doido;
destes que desapegados de tudo...
se assemelham muito mais ao cristo
louco e MORIBUNDO.
Sim, sou um católico muito loko:
Destes que Só vivem pra falar pouco;
a não ser se for com o POlVO,
e assim diversificar o eterno e incongruente
papel de BOBO...
que é todo artista rouco
Do Povo!
Enfim, um novo jesus;
MUITO LoKO!

SUICÍDIO 2 ! (PRO SETEMBRO AMARELO!)

Eu sou muito, mais muito mesmo
Intuitivo.
Eis o meu maior e MAIS lírico
Vício!
Viver pra encantar passarinhos,
Chorar sozinho a luz da lua
de espinhos.
ou dançar lindamente aquele Rock cabuloso,
e MASSA na adolescência Solto...
voando e rodopiando a busca
da IDENTIDADE
da CORAGEM Selvagem;
e da dúbia sacanagem,
Bobagem pouca é Bobagem!
de na caminhada passageira desta vida,
saborear todas as tessituras das tristezas e das
CERVEJAS!
E de todas as Hediondas e Hodiernas
FISSURAS!
E assim, na passarada diária alcançar
as estreladas alturas,
de possuir as lânguidas mulheres NUAS...
Assim como Poetar árcade ao lado do Sol;
e sangrar a luz do luar. Sentadinho na mesa do MAR!
E finalmente: Lutar doudamente
Pra não ME MATAR!!!

SINA!

Meu CANTO de pássaro é tão diverso;
e sai sempre de dentro do meu
TRISTE UNIVERSO DI VERSOS!...
todo ele feito de Restos e de
SEQUESTROS...!
e desejos Submersos...
além das dores escondidas,
e alegrias alegremente
Transmitidas e Carcomidas!!
E assim vou caminhando!
absortamente no tempo inequívoco que vai
PASSANDO!...
Absurdamente Sem SENTIDO...!
On The Road é o meu derradeiro
caminho de ESPINHOS!!!

LAUDES!

Volta e meia,
o meu carro é o meu
LAR!
e os meus livros,
são como se fossem as mesas
de algum sujo BAR!
Que me levam DOUDAMENTE,
Simplesmente pra outro lugar...
Bem equidistante,
desta roda viva podre
que estamos condenados
a cotidianamente labutar, patinar...
Neste mundo tenebroso e cabuloso de
Falácias..
De falsos democratas
e de ilusionistas profecias e piratarias,
e claro; dos mentirosos ARTISTAS,
assim como os pretensos COMUNISTAS...!

Ah, volta e meia amigo,
o meu carro parado
é o meu mundo e guia INCRIADO!
Pois muito mais do que um
VAGABUNDO SER ALADO CELERADO:
SOU um artista deveras PROFUNDO!!; (que não aguenta ficar parado)
Isto é; DOUTRO MUNDO!!!

JÚLIO CORTÁZAR!

As BABAS e FAVAS do diabo,
de Júlio Cortázar!
resumem completamente;
toda a convencional história
da Galinhada com Macarronada!...
ou quiabo em BABA, misturado
com GALEGO Caipira...
e uma marvada ardida...
E na minha triste Mira:
Passa o pobre duende do
leminsk;
um cachorro loko PUNK;
e ainda por cima:
ótimo AMANTE! Um autêntico diletante...
Nosso contemporâneo:
DE DANTE!!!

SARÇA AL DENTE!..

Essa história que na verdade
Não é história...
Pois é a Estória que não tem Fim,
e nem começo amigo querubim...
Era uma vez:
″ Um deus que se arrependia...
De perpetrar a terrível destruição
da falta de risada, perdão
e Razão!
E assim propunha uma nova e terna aliança,
ao povo eleito da diáspora
ânsia SANTA!
E a água amigos, era o símbolo divino
e a arca de Noé o princípio da divinal aliança,
 através da sempre próspera,
esperança;
advinda dos sensacionais OLIVAIS! Que valem bem mais do que
CRISTAIS!...
Depois veio o caudaloso DESERTO
na esteira e na veia do Véio
padre VIDEIRA!
E finalmente por último... derradeiro... pleno...
veio o próprio Deus menino,
sorrateiro...nascido em um pobre engenho...
De nome humano JESUS,
que tomando pra Si, humildemente,
todas as cruzes deste nosso triste e

moribundo MUNDO IMUNDO.
Ah, pobre húmus...!
Contudo, aqui não, PAI;
você não pode,
e não vai mais,
nos deixar em PAZ!
na selvagem paz,
dos ancestrais...
pois o fogo eloquente
da sarça ardente,
não Irá se Extinguir...!
E assim na plenitude dos tempos;
dos mártires inconsequentes de todos os
TEMPOS;
que livremente escolheram a melhor
Parte,
que nunca lhes será TIRADA!!
E toca Raul pela MADRUGADA!

BANHO DE LINGUAGEM!

A palavra que me transforma em
OUTRA COISA...
A palavra que me Dá a
Visão além do alcance!
a palavra de um profeta delirante;
assim como o sexo escaldante
de um Don Juan ERRANTE!...
Grandissíssimo AMANTE!! Das estrelas cintilantes...
Ah Palavra que é maior que os Deuses
TODOS...! que os fizeram loucos...!
Maior até que o além do aquém
que veio humilde de Belém.
maior que o Zen
e até o choro chatinho do
Neném!
Será o Benedito?!
Meu Bem!!!

EFEMÉRIDES 2!

Ah, a minha ilusão é tamanha...
Sim, o meu SONHO é tão grande,
que pra SEMPRE insistirei;
em ser um novo DANTE!
quiça um espelho quebrado de
CERVANTES...,
a busca infinda dos moinhos
de uivos e sussurros:
ERRANTES...!
De tão periclitantes ventanias
DELIRANTES...
Há, NADA mais será como
DANTES!!

PAIXÃO RASGADA 2!

quando SE ama;
tudo é lindo... (a maneira do Mar
CRISTALINO)...
Pois os seus olhos verdes me
alucinam IlUMINAM,
a sua boca quente me
entontece enlouquece...;
e dentro de ti SOU o
mais feliz dos amantes:
embriaguez dionisíaca de
BACANTES ERRANTES E
DELIRANTES!!!

SEXO MONÁSTICO!

Amar, rezar e transar!
Eis a vida de um casal
Apaixonado...
que em meio ao caos absoluto e obsoleto do
Mundo do trabalho...
se trancafiou em um cálido e
lasso mosteiro Beneditino du CARALHO,!
Posso até dizer um mini Calvário.

E lá se Amar no angustiado descompasso
e Rezar conforme a hora
dos monges monásticos.
ao nosso cristo embevecido,
que revestido de glória e
CRUZ!
Só sabia emanar a luz...
e a paz sublime e humilde
que tanto nos SEDUZ!!

OBITUÁRIO!

Com pesar informamos o
triste falecimento,
do grande poeta Daniel Davila.
Sim, descansou em Paz;
Abraçou JESUS... ou
Sentou-SE no colo obscuro do
CAPETA!
porém, aussi encantou-se com a lua.
Dormiu embriagado pelas RUAS:
e por fim,
rezou milhões de vezes,
o santíssimo Terço!!
Outrossim, escreveu
belas Odes ensolaradas,
picantes e molhadas.
Sem falar das tristes e
intoxicadas,
angustiados libelos pelas
madrugadas PASSARADAS!!!

Enterro no cemitério:
O céu está lhe esperando
(aqui estamos e por vós aguardamos)
As 8 horas da manhã.
 Do dia corrente de 2042...
Que Deus no seu infinito Calor,
conforte os sentimentos vários

dos familiares que sobraram.
Boa noite e bom dia a
todos...!?

EPÍLOGO...

O homem é um microcosmos! Por assim dizer, um resumo da terra e como tal é guiado por leis imutáveis e eternas. Estou de acordo com essas ideias provadas pela ciência. Porém, há as erupções, há os cataclismas!

Ontem, berrei para Lalá:

- Defendo o direito das convulsões sísmicas!

(Oswald de Andrade, Serafim Ponte Grande)

NOTA DO AUTOR

POÍESIS!

A poesia é canto Absorto;
as vezes tem tesão de
bicho solto,
outras tantas é Pássaro
torto...
além de gauche na VIDA,
eita trem louco de Barbacena,
no lirismo iconoclasta do BARROCO;
na alegria doce e dolorida,
do SER:
ARTISTA!!

EPITÁFIO!

Quando eu morrer, não me busques na laje fria do meu doce EPI-TÁFIO... Não, não, EU imploro... Me procure entre os meus cálidos versos, tristes UNIVERSOS... Sim, ME procure ENTRE as flores da primavera, entre os candelabros IGNOTOS da cidade; ou até mesmo pelos sujos BARES. Sem esquecer TODAVIA das ruas, lares e praças da Cidade... E desta feita me encontrarás sozinho, CANTANDO ALEGRE OS MEUS TEXTOS E SALMOS PELOS ARES!